ケロポンズ&藤本ともひこの
劇あそび 大作戦!
0〜5歳

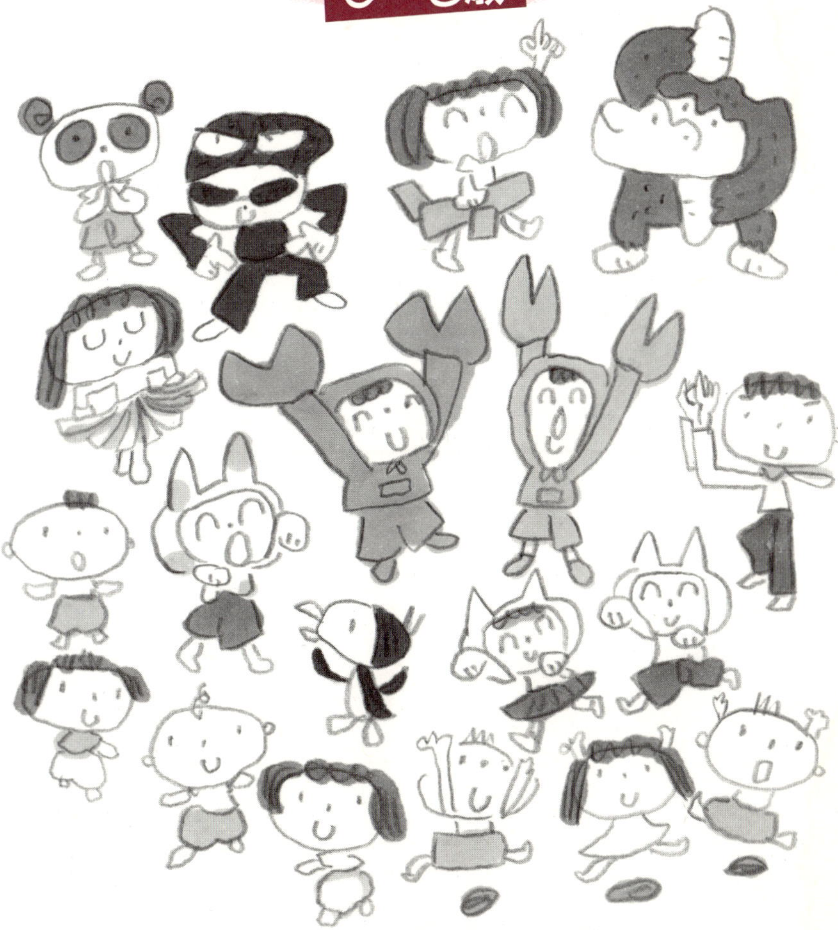

世界文化社

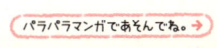

ケロポンズ＆藤本ともひこの 劇あそび

はじめに …………………………………… 4

ミュージカル エビカニクス 4〜5歳 …… 7
- ピアノ譜 エビちゃんダンス ……………………… 26
- ピアノ譜 カニおどり ……………………………… 28
- ピアノ譜 かいのフラメンコ ……………………… 30
- ピアノ譜 さめラップ ……………………………… 31
- ピアノ譜 くらげワルツ …………………………… 32
- ピアノ譜 エビカニクス …………………………… 34

ごろにゃんこ はらぺこ探検隊 4〜5歳 …… 37
- ピアノ譜 ごろにゃんこ はらぺこ探検隊 ……… 54
- ピアノ譜 ころころおにぎり ……………………… 56

とんでけひこうき！ 2〜4歳 …… 57
- ピアノ譜 とんでけひこうき ……………………… 70
- ピアノ譜 パンダのパンだ ………………………… 72
- ピアノ譜 どんどこどんゴリラだどん …………… 74
- ピアノ譜 プロレスペンギン ……………………… 76

大作戦！ CONTENTS ●目次●

えかきうたやさん 2〜4歳 ……… 77
- **ピアノ譜** えかきうた（ぶどう・ぞう・ロケット）……… 84
- **エッセイ** 劇あそびが劇活動のはじめのいっぽ ●藤本ともひこ …… 86

なかまにいれて 2〜4歳 ……… 87
- **ピアノ譜** なかまにいれて ……… 94
- **エッセイ** ありのままのこどもたちを ●平田明子 ……… 96

なにかななにかな？ 1〜3歳 ……… 97
- **ピアノ譜** なにかななにかな？ ……… 104
- **エッセイ** ごっこあそびは楽しい！ ●増田裕子 ……… 106

かくれんぼだいすき 0〜2歳 ……… 107
- **ピアノ譜** みんなでジャンプ ……… 114
- **ピアノ譜** かくれんぼだいすき ……… 116

こぶたちゃん 0〜2歳 ……… 117
- **ピアノ譜** こぶたちゃん ……… 125

はじめに

みんながあそび、演じることを楽しむ

劇を演じるっていうときの緊張感は、こどもたちにとってはとっても刺激的。でも台本の通りにできないとだめ、なんてことになったら、とたんにつまんないよね。台本はあくまで基本形。『みんなが演じることを楽しむ』ってことが基本にあれば、どんどん変えちゃってもらってかまいません。こどもたちからすれば、ステージの上でやっているというだけで、あそんでいるだけなんだけど、劇になってしまっているっていうのがいいですよね。そのあそんでいる場面でその子らしくいられれば、エビになっていても、ねこになっていてもOK。「もういっかい劇あそびやりたい」ってことばがでたらうれしいですね。

それぞれが自分の表現を楽しむ

演じているこどもたちも演じていて楽しくて幸せで、見ている観客は自然と頬がゆるむようなことになるのが、なによりです。この劇あそびにかかわるすべての人が、幸せな気持ちになれるとうれしいな。くれぐれもステージのための

　ステージにはならないようにしたいものです。

　というわけで、当然、ステージのための準備もなるべく簡単なものにしてみましょう。楽しい舞台を目指して、舞台美術に凝ってみたいというのであれば、こどもたちといっしょに楽しんでつくってみるのもいいですね。「劇あそび」を楽しみながらつくり上げるという話し合いは、おとなもこどももいっしょになって、みんなの知恵を集めるのがいちばん。みんなのアイデアをもちよって、楽しい充実のステージを目指してみてください。

　リハーサルも、あそびの延長感覚で取り組んでみてください。ひとつひとつの歌と踊りも、あそびならやるたびに楽しい。段取り・台詞の失敗は、あそびだと思えば、たいした失敗じゃありません。肝心なのは、この劇あそびの活動を通じて、こどもたちがどういうチームワークがとれたのか。いままで取り組めなかったのに、取り組み始めたという成長の変化はなかったか。思いやりとやさしさの場面が練習のなかで芽生えたか。ケンカをしたり、もめごとがおきたときに、どういうふうに解決していったかにこそ、着目してほしいのです。

　最終日のできばえよりも、毎日のできごとのほうが、こどもたちの成長にとっては重要です。みんなが豊かになれる、そのためにこそ、この『劇あそび大作戦！』を活用していただければ幸いです。

ケロポンズ・藤本ともひこ

この本の使い方

使い方 1

各話は、原案をもとに、著者3人がワイワイガヤガヤ、楽しんでたたきあって仕上げました。用意するもの、衣装、セリフ、振り付け、舞台設定などは、あくまでもひとつの例です！　みなさんの園で、こどもたちといっしょに、さらに楽しんで工夫して、アレンジしてあそんでください。

> 各役のセリフは、ひとりで言うか全員で言うかで区別してあります。ひとりで言うセリフは、演じるこどもの数によって、割りふってください。

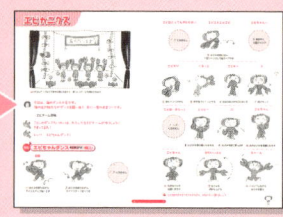

使い方 2

各話の対象年齢は、あくまでも目安です。それ以外の年齢のこどもたちがあそんでも十分楽しめますので、先生の判断で、クラスのこどもたちがノリそうなものを選んでやってみてください。

> シナリオの後に、まんが形式で保育での生かし方を紹介しています。園で使うときの参考にしてください。

使い方 3

各話についているピアノ譜は、拡大コピーして画用紙などに貼ると、使いやすくなります。

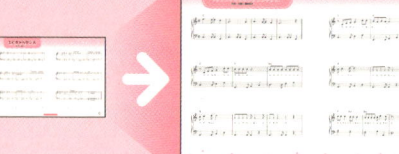

この本に掲載されている劇あそびの、歌やBGMを収録したCDが、発売されています。シナリオの歌詞やピアノ譜のタイトルの横に表記されている **CD1などの数字** は、その **曲のカラオケのトラック番号** です。CDを使うときの参考にしてください。

CD　ケロポンズ＋藤本ともひこ　劇あそび大作戦

うた／ケロポンズ　藤本ともひこ

発売元／キングレコード株式会社
KICG243
定価／¥2,500（税込）1080155K

●原案／ケロポンズ

ミュージカル エビカニクス

4～5歳

グループに分かれ、
それぞれが音楽にあわせて踊りを披露しながら
話が展開する劇あそびです。

エビカニクス

▲すずらんテープなどで海中の感じを出すと、楽しいステージを演出できます。

 今日は、海のダンス大会です。
海の生き物たちがダンスを競いあう、年に一度のおまつりです。

…エビチーム登場。

 ことしのダンスたいかいは、わたしたちエビチームがゆうしょうに
きまってるわ！

 レッツ　エビちゃんダンス！

うた エビちゃんダンス ピアノ譜 P26　CD 50

前奏

① はさみを振りながら、
サイドステップ右へ2歩

② はさみを振りながら、
サイドステップ左へ2歩

① ② くりかえし

エビはとってもやわらかい   エビエビエビエビ   エビちゃんー

①②くりかえし

③をはやく3回ジャンプ

③はさみを前に出し、2回ジャンプして後ろへ下がる

エビぞり   くるっと   エビキッ   ス

④前にぐっとかがむ

⑤体を後ろにぐっとそる

⑥左右のはさみを口にあてる

⑦投げキッス

エビは〜きらっと   エビピー   ス!   エビちゃん

①〜⑤くりかえし

⑧はさみを顔の横にかまえる

⑨はさみを前に押し出す

⑩右のはさみを左腰におろす

エビちゃん   かわいいエビ   ちゃーん

⑪左のはさみを右腰におろす

⑫はさみを横から上げる

⑬ジャンプしながらはさみを振る

 エビのはさみをキラキラさせながら、かわいらしく踊りましょう。

…カニチーム登場（エビチームは舞台のうしろへ）。

🦀 なんだなんだ？　そのへっぽこなおどりは～？

🦀 ことしはカニチームがゆうしょうにきまってるぞ！

🦀 いくぞ！　カニども～～っ！

🦀🦀 そいや～っ！

うた　カニおどり　ピアノ譜 P28　CD 51

前奏

① はさみを振りながら
　　ガニマタで登場

カニ　　　　　　　　カニ　　　　　　　　カニカニ

②③くりかえし

② ひじは高く、はさみをおろし、
　　右に一歩踏み出す

③ はさみを立てて、
　　左足を右足によせる

カニは	おとーこの	どこんじょ　う
②③を 反対方向へ	②③を 反対方向へ	②③を 2回くりかえし

まっかなかおして　におうだち

④ はさみを激しく振りながら、右へ細かく横ばしり

よこにあるいて　ふんばるぞ

⑤ 左へ細かく横ばしり

そいや　そいや　そいや　そいや！

⑥ 右へ進みながらはさみを斜め上へ押し上げていく

カニ

⑦ 右足を踏みしめて、右のはさみを上げる

おーど

⑧ 左足を踏みしめて、左のはさみを上げる

りー

⑨ はさみを前に出す

そいや！

⑩ はさみを下から上へ上げ、ポーズ

♛ 2番も同じ振り付けで。　♛ すもうのように、音楽にあわせて足をしっかりと踏みしめましょう。

あらまあ、へたくそなおどりねえ！

 なんだと〜〜〜！

 あら、ことしはぜったい　わたしたちエビチームがゆうしょうよ！

 なにを！　ことしはぜったい　おれたちカニチームがゆうしょうだ！

　　…エビチームとカニチームが激しくにらみあい、言いあう。

 エビエビエビ！

 カニカニカニ！

　　…3回くらい言いあいをくりかえす。
　　…もめているところに、かいチーム登場（エビ、カニは舞台のうしろへ）。

うた　かいのフラメンコ　ピアノ譜 P30　CD 52

前奏

① 音楽にあわせて、腰に手をあてて出てくる

オーレッ！

② カスタネットを2回たたく

間奏

③ 腰に手をあてて音楽にあわせて足踏み

あさり！

② カスタネットを2回たたく

間奏〜しじみ！ 間奏〜ほたて！

（音楽が終わったら）　　　　　オレ！

② カスタネットを2回たたく

フラメンコダンサーのように、かっこよく情熱的に踊りましょう。

 ぼくはあさり。

 ぼくはしじみ。

　　　　　　ぼくはほたて。

　　　　　　ぼくたち　かいチームのゆうしょうだね。

　　　　　　オーレッ！

…くらげチーム登場（他のチームは舞台のうしろへ）。

- あーら。あたしたちをみて〜。
- わたしひらりん。
- わたしくるりん。
- わたしふわりん。

 くらげワルツ ピアノ譜 P32　CD 53

前奏

① スカートのすそをもって、ひらひらさせながら登場

| ひらり | ひらり | くるりん　くるりん |

② 右方向にスカートをゆらす　③ 左方向にスカートをゆらす　④ スカートのすそをもって、その場でひとまわり

くらげは　うみの

②③くりかえし

おはなな

⑤ 両手で花の形をつくる

の

⑥ 右足を前に出して、ポーズ

ふわり

⑦ 右方向にスカートをゆらす

ふわり

⑧ 左方向にスカートをゆらす

ゆらり　ゆらり

⑨ スカートのすそをもって、
その場でひとまわり

くらくら～くらくらするの

②③④
くりかえし

ふう～

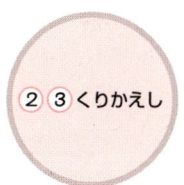

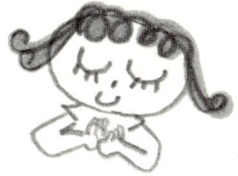

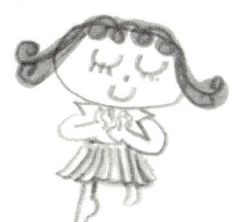

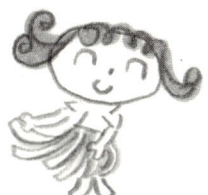

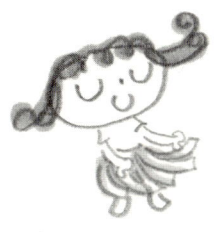

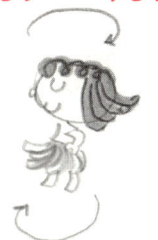

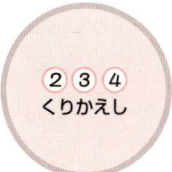

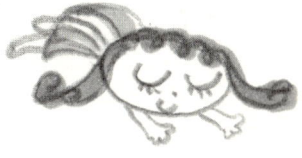

⑩ その場にたおれる

スカートのすそをもって、ひらひらさせて、曲にあわせてまわりましょう。
（最後は、他のチームも、いっしょにふにゃふにゃとたおれる）

…さめの軍団が登場（他のチームは舞台のうしろへ）。

 おれシャーク1。

 おれシャーク2。

 おれシャーク3。

【みんなの立ち位置】

 いくぜ！

 ヨウ！

…さめのみんな「ヨウ！」のポーズ。

うた　さめラップ　ピアノ譜 P31　CD 54

前奏

① ラップのリズムにあわせてノリノリで登場

ヨウヨウヨウ　さめだヨウ　　　　オレたち　だいすき　うみだヨウ

② 右手を4回振る（ヒップホップ風に）　　③ 左手を4回振る

ゴキゴキゴキゴキ　ごきげんヨウ

② 右手を4回振る

オレたち　かっちょいいヨウ　So Cool

③ 左手を4回振る

シャーク

④ 両手を前に出す

かっこいい～(Cool)

⑤ 右手は頭の後ろ、左手は腰でポーズ

シャーク～　かっこいい

④ ⑤
3回くりかえし

さめラップ!

⑥ 両手を外へ広げてポーズ

♛ ヒップホップのラッパーのように、リズムにあわせてかっこよく、体を上下させましょう。

 どうだ　おれさまたちの　ゆうしょうにきまってるぜ！

 Yeah!

…さめたち、おおいに盛り上がる。

…エビチームとカニチームが舞台中央に出る。さめチームは舞台のうしろへ。

 ちょっとちょっと、かいチームも　くらげチームも
　　さめチームもすごくない？

 このままじゃ　わたしたち、まけそうよ。

 そうだな、このままだと　ほかのチームがかってしまうかもな。

 どうしよう？　どうしよう？

 エビ？　（エビはP21⑰のポーズ）

 カニ？　（カニはP21⑱のポーズ）

 エビ？

 カニ？

 エビ　カニ　エビ　カニ　エビ　カニ　エビ　カニ　わー！！

…エビチームとカニチーム、楽しくなっていっしょに踊りはじめる。

うた エビカニクス（ショートサイズ） ピアノ譜 P34　CD 55

前奏　エブリバディ　　　　　エビカニー　　　　　　クスで

① 拍手をしながら
　ももを上げ足踏み

② 右手を上げ、
　体を左側にたおす

③ 左手を上げ、
　体を右側にたおす

エピカニークスで
エピカニークスで
おどっちゃおうエブリバディ

② ③
3回くりかえし

エビ

④ 拍手を1回

カニ

⑤ 両手を開いて
右ももを上げる

ーク

④ 拍手を1回

スで

⑥ 両手を開いて
左ももを上げる

エピカニークスで
エピカニークスで
おどっちゃおう

④ ⑤ ④ ⑥
3回くりかえし

♛ CDのカラオケを使う場合は、ここでとめる。

みなさんよくがんばりましたね！　貝チームもくらげチームもさめチームも
とってもすばらしかったですが・・・・
今年のダンス大会の優勝は、息のあったエビカニの合体チームに
決まりました〜！　おめでとう〜〜！！！

 エビカニ　オーレッ！

 エビカニ　くらくら〜

 エビカニ　かっこいい　Cool!

 ぼくたちも　わたしたちも　おれたちも　いっしょにおどりたい！

 よ〜し、みんなでおどろう！　エビカニクス！

…全員でエビカニクスを踊る。

うた エビカニクス（フルサイズ） ピアノ譜 P34 CD 55

前奏〜おどっちゃおう

①〜⑥ くりかえし
《18-19ページ参照》

エ

⑦ 体をたおして両手を大きく一回転

ビも

カニも

⑧ はさみを顔の横に

こうかく

⑨ 体を右にひねる

るい

⑩ 正面にもどす

みためは　とっても

⑦⑧ くりかえし

グロテス

⑪ 体を左にひねる

ク

⑫ 正面にもどす

にっぽん〜おどろう

⑦〜⑫ くりかえし

ワン　　　　　ツー　　　　　スリー　　　　フォー

⑬ 足踏みしながら　⑭ 同様に左手を上げる　⑮ 右手を上げる　⑯ 左手を上げる
　 右手を上げる

エビ！　　　　　カニ！　　　　エビカニ〜エビカニ　　　WOW〜

⑰ エビのように上体を　⑱ 足は開いてガニマタ、　⑰ ⑱　　　　　　⑲ ジャンプしながら
　 たおして手は前　　　 手は横　　　　　　　リズムにあわせて　　 はさみを振る
　　　　　　　　　　　　　　　　　　　　くりかえし

エブリバティ〜　　　　　　間奏
おどっちゃおう　　（下のようなポーズを参考にして、自由に動く）

最初にもどって、
①〜⑥
くりかえし
《18-19ページ参照》

Ⓐ 腕を波のようにゆらゆらさせて、片腕ずつ前に出す

Ⓑ エビのように体をたおしたり、そったりする　　Ⓒ カニのポーズでドタバタ動く

 2番も1番と同じ振り付けで踊りましょう。　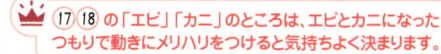 ⑰⑱の「エビ」「カニ」のところは、エビとカニになったつもりで動きにメリハリをつけると気持ちよく決まります。

エビカニクス　How to enjoy

エビカニクス

登場する人

はさみ
フェルトなどを貼り合わせてつくる。

エビ（女の子）
全身赤いものを身につける。

カニ（男の子）
全身赤いものを身につける。

さめ
ラッパー風に。帽子をかぶったりサングラスでかっこよく。

くらげ
すずらんテープなどでつくった、フリンジやひらひらのスカートをつける。

かい
白の上着と黒いズボンでフラメンコダンサー風に。手にカスタネットをもつ。

用意するもの

海の雰囲気をつくりましょう

すずらんテープなどに、こどもたちのつくった海の生き物を貼って、海の雰囲気をつくる。

波の絵を描いた段ボールを、組み合わせて立てる。

青や緑のすずらんテープでぼんぼんをつくって舞台に置くと海の雰囲気。

エビちゃんダンス

作詞・作曲／増田裕子

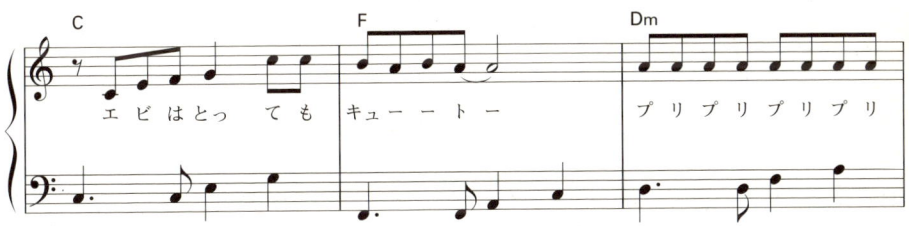

カニおどり

作詞・作曲／増田裕子 CD 51

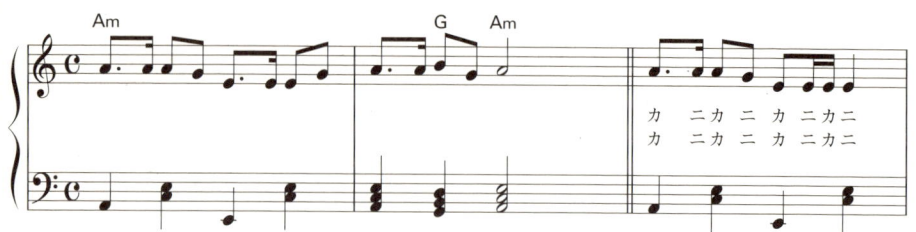

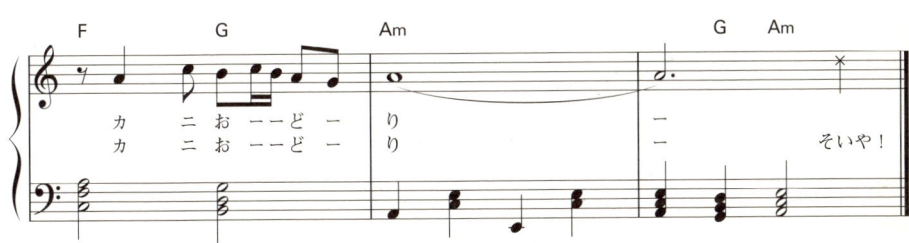

かいのフラメンコ

作曲／下畑 薫

さめラップ

作詞・作曲／平田明子　CD 54

くらげワルツ

作詞／平田明子　作曲／増田裕子　CD 53

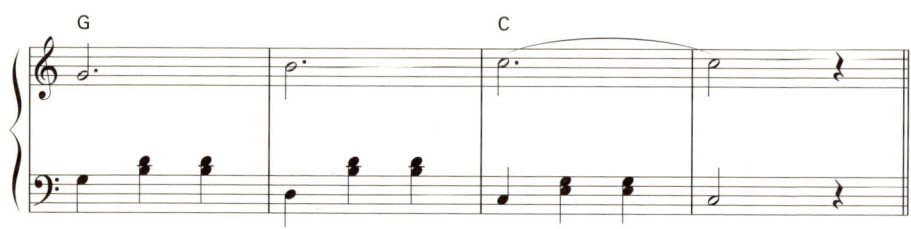

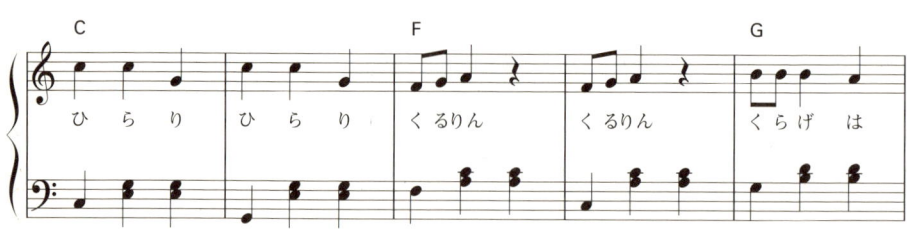

エビカニクス

作詞・作曲／増田裕子　CD 55

C
G
1.エ　ビ　も　カ　ニ　も　こ　う　か　く　るい
2.エ　ビ　は　やっ　ぱ　り　エ　ビ　フ　ラ　イ
D7
G
C
み　た　め　は　とっ　て　も　グ　ロ　テ　ス　ク　にっ　ぽ　ん　じ　ん　な　ら
カ　ー　ニ　は　やっ　ぱ　り　ゆ　で　ガ　ニ　ね　もち　ろ　ん　な　ま　で　も
G
D7
だ　い　す　き　さ　ほら　む　き　む　き　プ　リ　プ　リ　お　ど　ろ　う　ー
い　け　る　の　よ　もう　た　べ　だ　し　ー　た　な　ら　と　ま　ら　な　い　ー
D
ワン　ツー　スリー　フォー　エビ！　カニ！

（次のページに続く）

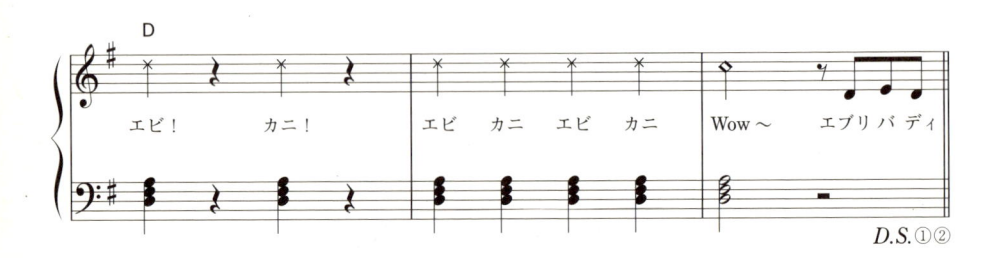

エビ！　カニ！　エビ！　カニ！

エビ！　カニ！　エビ　カニ　エビ　カニ　Wow〜　エブリバディ

D.S.①②

原案／藤本ともひこ

ごろにゃんこ はらぺこ探検隊

4〜5歳

トロルとの対決ゲームを、取り入れた劇あそびです。舞台でふだんのようにゲームをすることで、こどもたちのいきいきとした表情をひき出しましょう。

ごろにゃんこ はらぺこ探検隊

▲背景の絵をつくって、トロルの山のこわそうな雰囲気を出してもいいでしょう。

いつもはらぺこ。
ごろにゃんこはらぺこ探検隊がやってきました。

…ねこが歌いながら登場。

うた ごろにゃんこ はらぺこ探検隊 ピアノ譜 P54 CD 40

前奏

① ねこまねきのポーズで歩く

ごろごろ
② 右手でねこまねきしながら歩く

にゃんこ
③ 左手でねこまねきしながら歩く

ごろごろ〜にゃんこ
②③
2回くりかえし

はらぺこ
④ 脱力して前にかがむ

だ
⑤ 体をおこす

ごろごろ〜ふらふらだ
同様に
②〜⑤
くりかえし

たこ
⑥ 右手で取って

やき
⑦ 食べるまね

ラー
⑧ 左手で取って

メン
⑨ 食べるまね

ハンバーグ
⑥〜⑨
くりかえし

ごろごろのどがなるよ
⑩ 両手でおなかをさする

おひげのさきからしっぽまで
⑪ 右にパー、左にパーを2回くりかえし

ごろごろにゃんこ はらぺこだい
②〜⑤
くりかえし

♛ 一列にならび、曲にあわせて踊りながら行進しましょう。

…歌い終わったとたんに、へなへなになりながら、

🐱🐱 おなかすいたなあ。

🐱 なにか、たべるものがないかなあ。

🐱 あ、あんなところに　おにぎりだ！

…双眼鏡を取り出して、のぞく。（指を丸めて筒をつくり、目にあてるだけでもOK）

🐱 わあ、おにぎりだ！

…みんな、混乱して押しあいへしあいしてしまう。

🐱🐱 ぼくのだ、ぼくのだ。

🐱🐱 わたしのよ、わたしのよ。

…おにぎりがころがりはじめる。

🐱 わあ、おにぎり、ころがってっちゃった！

…おにぎりダンスをみんなで踊る。

うた ころころおにぎり ピアノ譜 P56　CD 36

　　　　前奏　　　　　　　　　おにぎり　　　　　　　　ころりん

① 頭の上で両手を合わせて輪にする　② 右方向へ揺れる　③ 左方向へ揺れる

ころにゃんこ
すってんころりん　ころにゃんこ

ころころころころ
ころにゃんこ

ころころころころ
ころにゃんこ

② ③
3回くりかえし

④ その場で右にまわる

反対方向に回る

⑤ その場で左にまわる

👑 手でおにぎりを作り、曲にあわせて横に揺れましょう。

…小道具役の先生がおにぎりをころがして、舞台から消える。
　探検隊がひろいにいこうとすると、
　　青トロルが登場して
　　とおせんぼする。

この山はおれさまの山だ。帰れ！

おにぎりをとりにいきたいだけだよ。

とおしてよ。

この先にいきたかったら、おれさまの鈴を鳴らしてみろ。

はらぺこだけど、まけないぞ。おにぎりのために、オー！

…かわいく、みんなで片手を上げる。

ゲーム 鈴ならせかけっこ CD 37

トロル対ねこたちの対決　第1回戦「鈴ならせかけっこ」
向こう側に鈴がぶら下がっています。
その鈴を鳴らしてもどってこられるかな。
青トロルがじゃまをするよ。うまくよけて、鳴らしてね。
ようい、スタート！

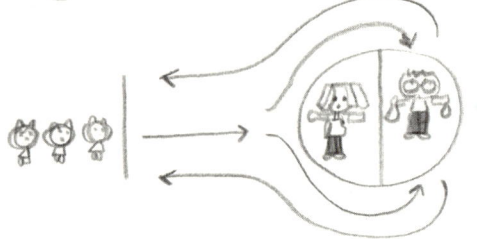

トロルと鈴が、半円の中にいて、
外に出られないなどの
ルールをつくると、
ゲーム性がアップします。

…全員が鈴をならしてもどってきたら、ゲーム終了。

🐶 おまえたち、なかなかやるな。通っていいぞ。

🐱 やったー！　はらぺこたんけんたい！

　　…みんな、通してもらったところで、おにぎりを探す。

🐱 おにぎりはどこだ？

🐱 あ、あっちだー！

🐱 まてー！

　　…♪「ころころおにぎり」を歌いながら、みんなで踊る。

うた　ころころおにぎり ピアノ譜 P56　CD 36　（40−41ページ参照）

　　…おにぎりはころがっていく。舞台に橋を出す。
　　　橋のところまでくると、橋の先に、赤トロルがいる。

🐶 この川はおれさまの川だ。帰れ！

🐱 ぼくたち、おにぎりをおっかけてるんです。

この橋を渡りたかったら、おれさまとじゃんけん勝負だ！

はらぺこだけど、まけないぞ。おにぎりのために、オー！

…かわいく、みんなで片手を上げる。

ゲーム トロルと体じゃんけん CD 38

対決　第2回戦「トロルと体じゃんけん」
赤トロルと体じゃんけんで戦います。

ぱーは手足を広げます。
ちょきは足を前後にひらき、腕でばってんをつくります。
ぐーはしゃがんで丸くなります。

ぱー　　　ちょき　　　ぐー

トロルに勝った人だけ、橋を渡れるよ。
あいこと負けの人は勝つまで続けます。
みんなが渡れるまで、がんばってね。

…全員が橋を渡ったら、ゲーム終了。

なかなかやるなあ。おにぎりはあっちにころがっていったぜ。

やったー！　はらぺこたんけんたい！

…♪「ころころおにぎり」を歌いながら、みんなで踊る。

うた　ころころおにぎり ピアノ譜 P56 CD 36 　（40－41ページ参照）

…黒トロルが向こう側に寝ている。
　その目の前に、おにぎりがとまっている。

おにぎりあったー！

だけどまた、トロルがいるよ。こわそうだな。

だいじょうぶ。ねてるから、そーっと　とりにいこう。

はらぺこだけど、まけないぞ。おにぎりのために、オー！

…小声で、小さく片手を上げる。

ゲーム　おいしいこねこがたべたいな　CD 39

対決　第3回戦
「おいしいこねこがたべたいな」
だるまさんがころんだゲームです。
黒トロルが寝言をいいます。
「おいしいこねこがたべたいな」の「な」のところで、
目を覚まします。目を覚ましたときには
動かないでじっとしていればみつかりません。
みつからないでおにぎりまでいけるかな？

むにゃむにゃ。はらへったなあ。

おいしいこねこがたべたい……

な。

…トロルが目を開ける。探検隊はそのときだけとまる。

46

おいしいこねこがたべたいな。

おいしいこねこが……

…ひとりのねこがおにぎりを手にする。

やったー。おにぎりだ！

…トロルが目を覚ます。

だれだ。お、こねこじゃないか。おまえたちを食べてやる！

やだやだ。おにぎりをあげるから。

だから　ぼくたちをたべないで！

おにぎりだと。どれどれ。むしゃむしゃ。

うまい！　こねこよりおいしいぞ。おまえたち、
お礼に何か願いをかなえてやろう。何がいい？

おさかな！

おやすいごよう。それ！

　　…おおきい魚を運んでくる。

わーい。おっきなおさかなだ!

いただきまーす!

むしゃむしゃ。

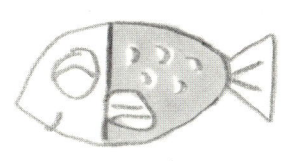

　…あっというまに魚は、骨だけになる。

ごちそうさま。

でも、まだまだはらぺこだなあ。

まだまだ、おいしいものはいっぱいあるぞ。

せかいのはてまで、たんけんだー!

ぼくたち、はらぺこたんけんたい。オー!

　♪「ごろにゃんこはらぺこ探検隊」を歌う。

うた ごろにゃんこはらぺこ探検隊 ピアノ譜 P54 CD 40

　…ねこたち、ふらふらと退場。
　…トロルは、バイバイしている。

ごろにゃんこはらぺこ探検隊よ、どこへいく。つづく。

ごろにゃんこ はらぺこ探検隊

いつものあそびなんだよ の巻

ある日

「今日のあそびは、2チームで"鈴ならせかけっこ"だよ」

「位置について、よーいどん！」

「がんばれ がんばれ」

「ちりん」

別の日

「"体でじゃんけん" じゃんけん ぽん！」

「ぐー」

「ちょき」

「ぱー」

「ぱーだよ」

How to enjoy

発表会当日

劇だと思って
どきどきしている……
↓

それでは、おれさまと 勝負だ!!

おれさまに
タッチされないように
鈴を鳴らすのだ

最初は緊張してても大丈夫。劇がはじまれば、いつもやっていたあそびだから、すぐに笑顔であそべますね

やった！

ちりん

がんばれ〜

あんなに元気に
劇をやってる。
大きくなった
なあ……

ごろにゃんこ はらぺこ探検隊

登場する人

ねこ

カチューシャで耳をつける。

ゴムでしばって耳にする。

ほっぺに水性絵の具などでひげをかくだけでも気分はup。

バンダナなどをかぶって、後ろでしばる。

★青、赤、黒のトロルはひとりで演じることもできます。

トロル

すずらんテープのかつら

お化粧でこわい顔を演出してみるのも一案。

絵の具で色をつけたTシャツなどでもOK。

動きは派手に、大げさに。

マントなどでこわい雰囲気を出す。

52

用意するもの

おにぎり

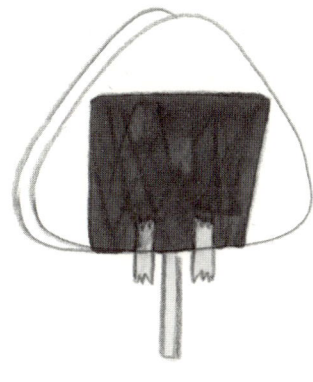

うちわに貼りつけて簡単ベープサート。

段ボールなどで支えをつくって、立てられるように。

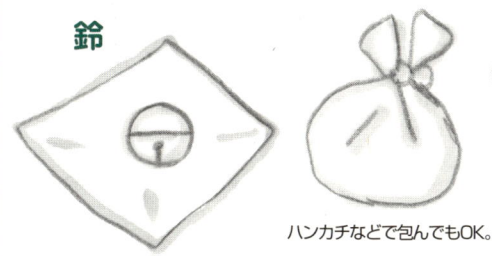

鈴

ハンカチなどで包んでもOK。

ひもでぶら下げるだけでも。

双眼鏡

トイレットペーパーの芯。

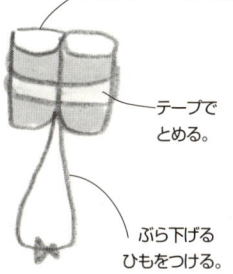

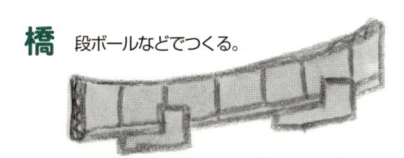

テープでとめる。

ぶら下げるひもをつける。

橋

段ボールなどでつくる。

魚

本体に骨の絵を描き、体の絵を両面テープなどで軽くとめておく。

ごろにゃんこ はらぺこ探検隊

作詞／藤本ともひこ　作曲／増田裕子

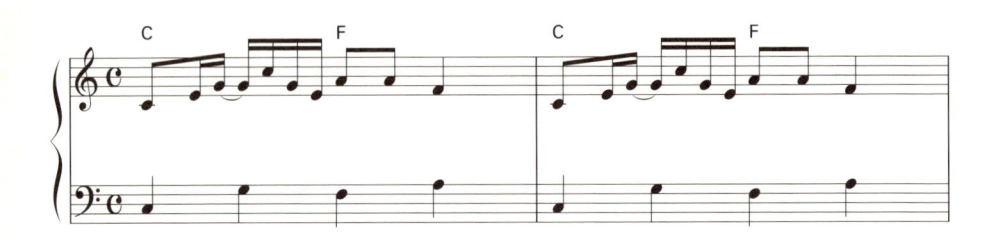

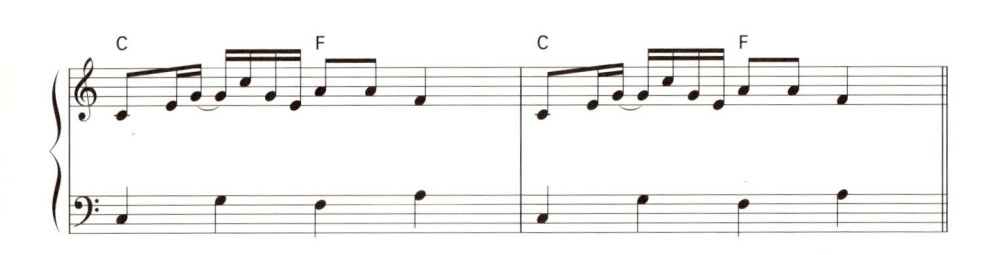

ご　ろ　ご　ろにゃんこ
ご　ろ　ご　ろにゃんこ

C
はらぺこだ
ふらふらだ
F
たこやきラー メン
Em
ハン バーグ
Dm
ごろごろの どが
C
なるよ
F
おひげのさきから
Em
しっ ぽまで
Dm G
ごろごろにゃんこ
C
はらぺこだい

ころころおにぎり

作詞／藤本ともひこ　作曲／増田裕子　CD 36

おにぎりころりんころにゃんこ　すってんころりんころにゃんこ

ころころころころころにゃんこ　ころころころころころにゃんこ

●原案／藤本ともひこ

とんでけひこうき!

2~4歳

飛行機でたずねた先に、
いろいろなサービスが待っています。
歌にあわせて踊るだけでもかわいいですし、
歌いながら踊ればさらに楽しくなります。

とんでけひこうき！

▲舞台に雲などをぶらさげてもいいですね。もちろん何もなくてもOK。

本日はご搭乗ありがとうございます。
これより、みなさま　世界旅行でございます。
たっぷりとお楽しみください。

…乗客、飛行機を体につけて登場する。
　搭乗チケットをスチュワーデスに手渡して、歌いながら離陸。空を飛ぶ気分で。

うた とんでけひこうき ピアノ譜 P70　CD 27

とんでけー　とんでけー　とんでけひこうき

① 飛行機を両手でもって、自由に動く

ちゅうごく	なんきょく	ジャングル	おきなわ
② 右足を前へとん	③ 足をもどす	④ 左足を前へとん	③ 足をもどす

ハロー ニーハオ メンソー　レ！　　　　　うえにまいりまーす　びゅーん

⑤ その場でまわる 　⑥ 体を横にたおす　⑦ 低い体勢からのび上がる

したにまいりまーす　びゅーん　　　ゆれますゆれます　びゅーん

⑧ 立った体勢から低くなる　⑨ 揺れる

てをふって　　　　　ハイチーズ！

⑩ 片手を振る　⑪ 片足を前に出してポーズ

▲ステージいっぱいを使ってみましょう。

中国に着きました。
みなさま、パンダのパンサービスがございます。

　…スチュワーデスがパンダ役。（他の先生が演じてもOK）
　　乗客は飛行機をその場において、集まってパンダと踊る。

うた　パンダのパンだ　ピアノ譜 P72　CD 28

前奏

① 両手を開く 　　② 手拍子1回　　①②くりかえし

こ　　　　　れは　　　　　あん　　　　　パン

① 両手を開く　　② 手拍子1回　　① 両手を開く　　② 手拍子1回

これはチョコ〜カレーパン　ー　これは〜パンだから　　パ　ン

①②
5回くりかえし

①②
7回くりかえし
最後に③

③ 手拍子2回　　　　　④ にぎりこぶしを頭の上に

ダ　の　　　　　　パン　　　　　パンダのパン〜おいらのパン！

④⑤⑥
3回くりかえし

⑤ 指を丸くして目にあてる　　⑥ 手拍子1回

みなさま、じょうずにできました。それではまた出発です。
みなさま、飛行機におもどりください。

…乗客、自分の飛行機を体につけ♪「とんでけひこうき」を歌う。

うた　とんでけひこうき ピアノ譜 P70　CD 27　（58−59ページ参照）

▲ペンギンになりきって楽しみましょう。

南極に着きました。
みなさま、ペンギンのプロレスサービスでございます。

…スチュワーデスがペンギン役。（他の先生が演じてもOK）
　みんなでペンギンと記念撮影をする。
　記念撮影をするとみんなで踊らなくてはいけない。
　乗客は飛行機をその場において、集まってペンギンと踊る。

うた プロレスペンギン ピアノ譜 P76　CD 29

前奏　　プロレスペンギン プロレスペンギン　　　　　　ペンギンチョップ！

① その場でよちよち足踏み　　　　　② 手のひらだけでチョップ

62

プロレスペンギン　　プロレスペンギン　　　　　ペンギンキック！

①くりかえし

③ ひざをまげずに足首で小さくキック

プロレスペンギン　　プロレスペンギン　　　　　ペンギンパンチ！

①くりかえし

④ ひじをまげずにグーで小さくパンチ

プロレスペンギン　　プロレスペンギン　　　　　ペンギンジャンプ！

①くりかえし

⑤ ひじもひざもまげずに小さくジャンプ

♛ 手も足も短くなったつもりで、歌詞にあわせて動いてみましょう。

みなさま、じょうずにできました。それでは、また出発です。
みなさま、飛行機におもどりください。

…乗客、自分の飛行機を体につけ、♪「とんでけひこうき」を歌う。

うた **とんでけひこうき** ピアノ譜 P70　CD 27　（58-59ページ参照）

▲ミュージカル風に、ゴリラの動きがそろうときれいです。

ジャングルに着きました。
ゴリラサービスをお楽しみください。

…スチュワーデスがゴリラ役。（他の先生が演じてもOK）
乗客は飛行機をその場において、集まってゴリラと踊る。

👑 歌詞にあわせてゴリラのまねをする、まねっこあそびです。
ゴリラが動作をしたら、乗客が続いて同じ動作をしてあそびましょう。

うた どんどこどんゴリラだどん ピアノ譜 P74 CD 30

前奏　　　　　　　　　　　どんどこどん　　　　どんどこどん

① ゴリラポーズで足踏みする　　② ゴリラ役が片手で　　乗客がまねをする
　　　　　　　　　　　　　　　　交互に胸をたたく

64

どんどこどん どんどん	どんどこどん どんどん	ウッホッホ	ウッホッホ
ゴリラ役が②の動作を速くする	乗客がまねをする	③ ゴリラ役が両手を交互に頭と腹にのせる	乗客がまねをする

ウッホホホホホ	ウッホホホホホ	どんどこ
ゴリラ役が③の動作を速くする	乗客がまねをする	②と同じ

ウホウホ　ゴリラだ	どん	ウッ！	どんどこ ウホウホ ゴリラだどん ウッ！
③と同じ	④両手で胸をたたく	⑤両手を上げてポーズ	乗客がまねをする

👧 みなさま、じょうずにできました。そろそろ帰ります。
みなさま、飛行機におもどりください。本日は本当に楽しい空の旅でした。
…乗客、自分の飛行機を体につけ♪「とんでけひこうき」を歌う。

🎵 **とんでけひこうき** ピアノ譜 P70　CD 27　（58-59ページ参照）

👧 ご搭乗ありがとうございました。
…みんなで飛びながら退場。

65

とんでけひこうき！ How to enjoy

手づくり 庵りあそびの巻

1 じぶんでつくる

自分の飛行機は自分でつくる

でーきた！

2 あそぶ

先生がいなくても、CDを流しておけば……

かわいく小さく

キック

プロレスペンギン
プロレスペンギン
ペンギーン
キーック

キーック!!

え？そうなの？

それ、大きすぎてペンギンぽくない

66

3 みんないっしょに

見ている みんなも いっしょにやろう

はい、ごいっしょに

これで いいのだ！

とんでけひこうき！

用意するもの

● 飛行機

段ボールを切って、パーツを用意する。
組み立てはおとなもこどももみんなで。

細長いパーツをまるくして
ガムテープなどでとめる。

すい直尾翼がくっつくと
より飛行機らしくなる。

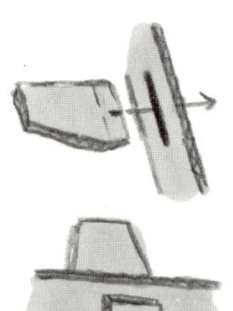

翼のパーツは、機体に切り込みをいれて
差し込んで、ガムテープなどでとめる。

一人乗り

三人乗り

68

●各国のイメージイラスト

中国　　南極 　　ジャングル

飛行機が到着したときに
イラストを見せたりすると、
雰囲気が出る。

とんでけひこうき

作詞／藤本ともひこ　作曲／増田裕子

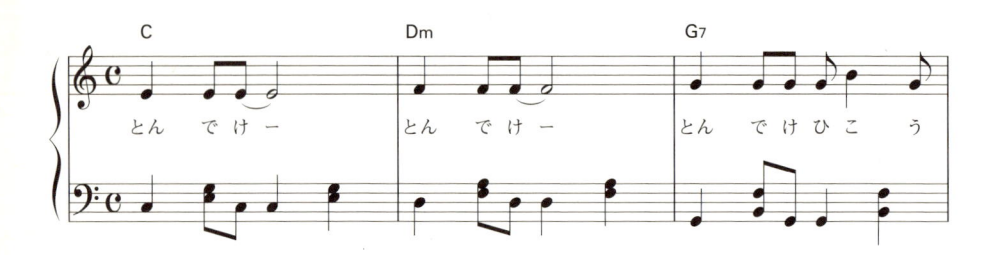

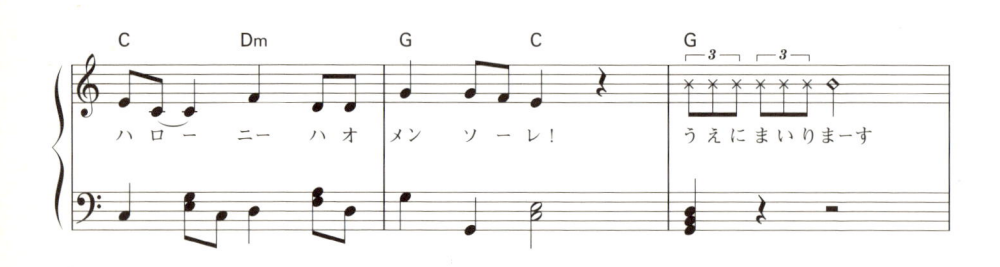

とん でけー　とん でけー　とん でけひこう
き　ちゅう ごく なん きょく　ジャングル おき なわ
ハロー ニーハオ メン ソーレ!　うえにまいりまーす

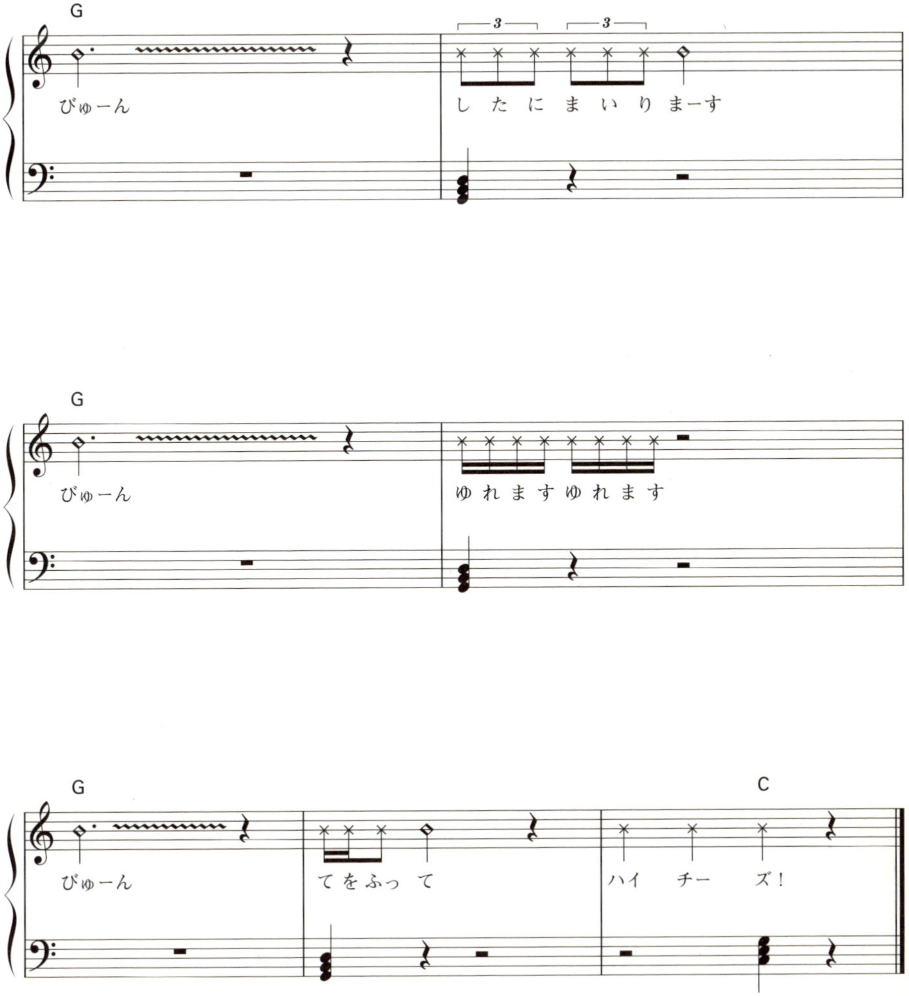
G
びゅーん
したにまいりまーす
G
びゅーん
ゆれますゆれます
G
びゅーん
てをふって
C
ハイチーズ！

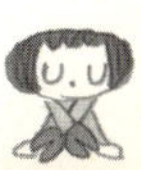

パンダのパンだ

作詞／藤本ともひこ　作曲／平田明子　CD 28

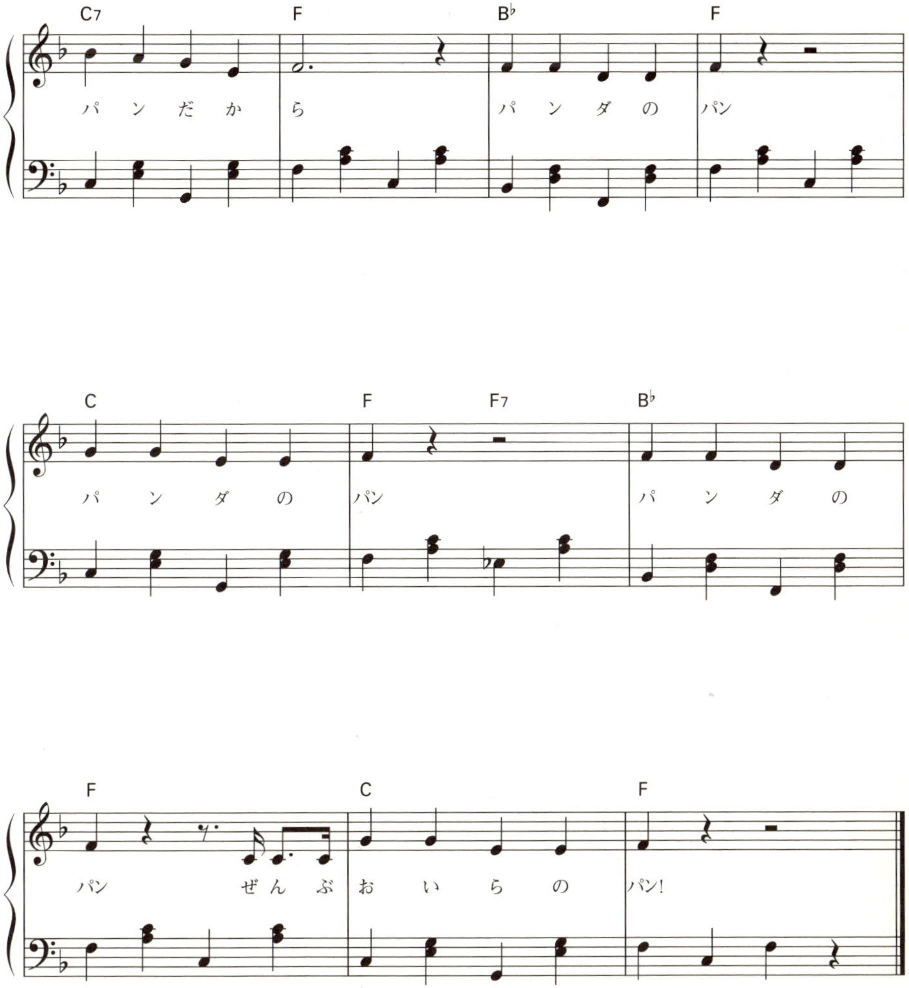
C7 F B♭ F
パンだから パンダのパン
C F F7 B♭
パンダのパン パンダの
F C F
パン ぜんぶ おいらの パン!

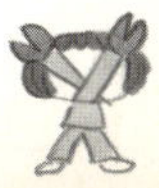

どんどこどんゴリラだどん

作詞／藤本ともひこ　作曲／平田明子

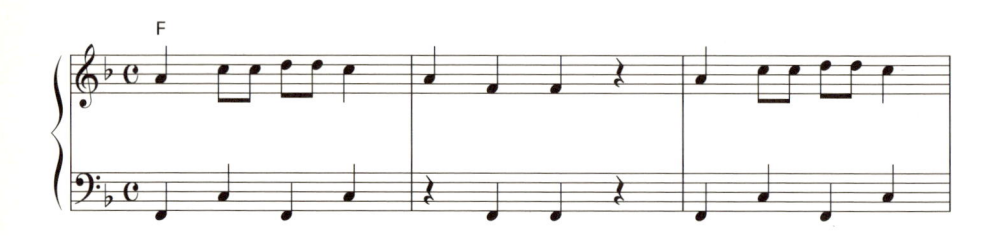

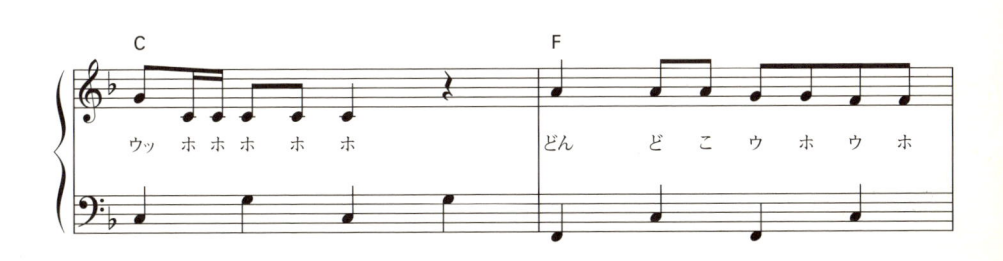

ウッ ホッ ホ　　ウッ ホッ ホ　　ウッ ホ ホ ホ ホ ホ

ウッ ホ ホ ホ ホ ホ　　どん どこ ウ ホ ウ ホ

ゴリラ だ どん ウッ!　　どん どこ ウ ホ ウ ホ　　ゴリラ だ どん ウッ!

プロレスペンギン

作詞／藤本ともひこ　作曲／平田明子　CD 29

プロレスペンギン　プロレスペンギン　ペンギン

チョップ！
キック！
パンチ！
ジャンプ！

●原案／藤本ともひこ●

えかきうたやさん

2〜4歳

舞台で絵かき歌をして、絵を渡す、という表現あそびです。
ふだんのあそびのなかで絵かき歌を覚え、そのまま舞台で披露することができます。

えかきうたやさん

▲お店のセットとして看板などもつくってもいいでしょう。

🧑 絵かき歌のお店に、お客さんがやってきます。

　　…店主は店にいる。お客さんが登場する。

🧑 いらっしゃいませ。

🧑 ぶどうをください。

🧑 はい、かしこまりました。

　　…二人で歌いながら、絵をかきはじめる。

🎵 **うた　ぶどうのえかきうた**　ピアノ譜 P84　CD 18

まんまるおだんごいっぱい　　　　　まんまるおだんごいっぱい

まんまるおだんごいっぱい　　　　つのがはえたら　かぶとむし

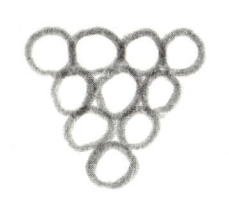

あっというまに　ぶどうだね　ぱっくん

　　　…店主、お金をもらってかき上がったぶどうの絵を渡す。

🙂 おいしそうなぶどう、ありがとう。

🙂 まいどありがとうございました。

　　　…お客さんは、絵をもって退場。
　　　…次のお客さんが登場する。

🙂 いらっしゃいませ。

🙂 おおきいどうぶつ、ください。

🙂 はい、かしこまりました。

うた　ぞうのえかきうた　ピアノ譜 P84　CD 19

おおきなおおきなたまご

おおきなおおきなうちわ

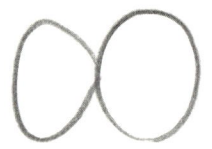

もひとつおおきなうちわ

せんろがどんどんのびてきて

あっというまに　ぞーうさん　パオー！

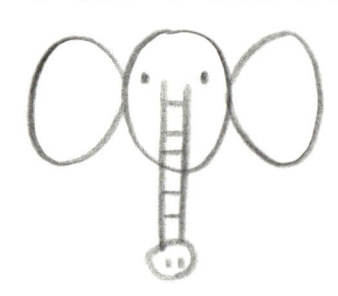

…店主、お金をもらってかき上がったぞうの絵を渡す。

おおきいぞう、ありがとう。

まいどありがとうございました。

…お客さんは、絵をもって退場。

…次のお客さんが登場。

 いらっしゃいませ。

 おつきさまにいきたいんです。

 はい、かしこまりました。

うた ロケットのえかきうた ピアノ譜 P84 CD 20

おっきなさんかく
のびて

ちっちゃなさんかく
ちょこん

もひとつさんかく
ちょこん

まんまるおつきさん
くっついた

あっというまに　ロケットだ
54321ゼロ！

…みんなでかき上がった「ロケット」を頭にかかげて、飛んでいく（退場）。

 きょうは売り切れ。またあした。

えかきうたやさん　How to enjoy

えかきうたを するだけだよの巻

「まんまる おだんご いっぱい」

「ぶどう」

かくのは 年長さん

かいてもらうのは 年少さん

という異年齢の組み合わせもできる虐りあそびです

もらった絵は 観客のみなさんに 見せてあげよう

「おいしそうなぶどう ありがとう」

用意するもの

画用紙　クレヨン

段ボールを数枚重ねた台紙に、画用紙を必要な枚数とめておく。

イーゼルにたてかけてもよい

絵かきさんはベレー帽などをかぶると雰囲気が出ます。

絵かき歌をするときには……

見えないよ

画用紙が見える位置に立つ。

えかきうた（ぶどう・ぞう・ロケット）

作詞／藤本ともひこ　作曲／増田裕子　CD 18・19・20

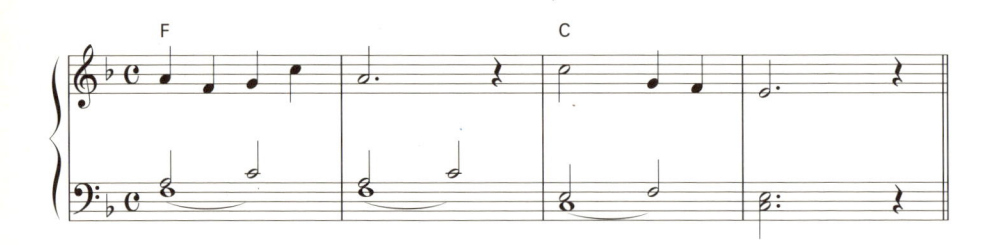

1. まんまるおだんご
   いったのびて
   まんまるおだんご
2. おおきなおおきなく
   　
   おおきなおおきく
3. おっきなさんかく
   　
   ちっちゃなさんかく

C7	F		C	F	
いっ ぱい いわん	まん まる おだんご		いっ ぱい		つ の が は え た ら
う ち わ	も ひ とつ おおきな		ちょ こ ん		せん ろ が どんどん
ちょ こ ん	も ひ とつ さんかく				まん まる おつきさん

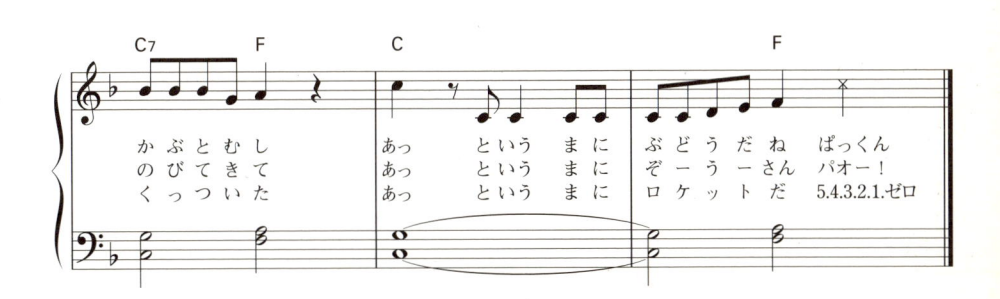

C7	F	C		F	
かぶとむし	あっ という まに		ぶどうだね	ぱっくん
のびてきた	あっ という まに		ぞーうーさん	パオー！
くっついた	あっ という まに		ロケットだ	5.4.3.2.1.ゼロ

Essay

劇あそびが劇活動のはじめのいっぽ

藤本ともひこ Tomohiko Fujimoto

　劇の発表会に出演するなんて、とてもとてもやりたくないこどもだった。出ざるを得ないとしたら、なるべく目立たない役がいい。主役の後ろのほうがありがたい。そんなこどもだった。でも、どうしてそういうこどもだったのかと振り返ると、楽しくなかったんだなあ。なんだか、無理してた。決められたタイミングでセリフを言わなくちゃいけなかったり、セリフは正しく滑舌よく言わなくちゃいけなかったり。それがプレッシャーだったんだなあと思う。

　でも、もし楽しく取り組めたら、どうだっただろう。やってること自体が楽しければ、お調子もののぼくのことだから、むしろ余計なアドリブまでやっただろうと思う。

　こどもにとって楽しいこと、それは「あそび」だ。

　あそびがそのまま舞台にのってしまえば、やってる本人は、ほとんどプレッシャーを感じない。劇は観客に見せるもの、というのはわかっている。でも今は、一応のストーリーとある程度の決めごとでどうにかなるのなら、小さいこどもたちの劇という活動の、はじめのいっぽはそれでいい。それがいい。そこからはじめればいいんだと思う。ぼくがこどもだったら、絶対賛成です。

原案／平田明子

なかまにいれて

2〜4歳

こどもたちのだいすきな絵本、
ウクライナ民話『てぶくろ』をヒントに
かわいくあそべるおはなしをつくりました。

なかまにいれて

▲外の、ぽかぽか日のあたるような雰囲気を出しましょう。

　ある晴れた朝、園庭に干してあったシーツが、風に飛ばされ落ちていました。

　　…あっちゃん、ともくん登場。
　　歌いながら、シーツに近づく。

うた なかまにいれて ピアノ譜 P94 CD 12

たのしいこと　だいすき　きもちいいこと　だいすき
いれて　いれて　なかまにいれて

　わっ、いいとこみつけた！

　ここにすもう！

　うん！

　　…二人ともシーツにもぐりこみ、ごろごろしながら顔を出す。

　きもちいいね。

…ゆうちゃん登場。歌いながらシーツに近づく。

うた なかまにいれて ピアノ譜 P94 CD 12

たのしいこと　だいすき　きもちいいこと　だいすき
いれて　いれて　なかまにいれて

あれ、ここにいるのはだーれ？

あっちゃんと

ともくんだよ。きみはだあれ？

わたしゆうちゃん。わたしもなかまにいーれーて。

どうぞ。

…ゆうちゃんも、シーツにもぐりこむ。

きもちいいね。

…かーくん、まいちゃん登場。
歌いながら、シーツに近づく。

うた♪ なかまにいれて ピアノ譜 P94 CD 12

たのしいこと　だいすき　きもちいいこと　だいすき
いれて　いれて　なかまにいれて

ここにいるのはだーれ？

わたしあっちゃん。

ぼくともくん。

わたしゆうちゃん。あなたは？

ぼく、かーくん。

わたし、まいちゃん。

ねえねえ、わたしたちもなかまにい〜れ〜て。

い〜い〜よ〜。

…かーくん、まいちゃんも、シーツにもぐりこむ。

ちょっときついけど、きもちいいね〜。

…以下、人数に応じて同様にくりかえし、シーツに入る。

あんまり気持ちがいいので、
みんなはそこでぐっすり眠ってしまいました。

…こどもたち、眠る。

さてそこに、先生がやってきました。
先生は、シーツが風に飛ばされてしまったことに
気がついて、探しにきたみたいですよ。

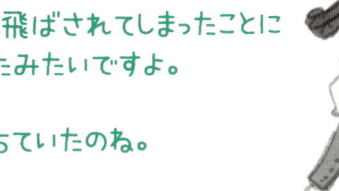

あら、こんなところに落ちていたのね。
よいしょ。

…先生、シーツをもち上げると、
　なかに入っていたこどもたちが、走って逃げる。

わ〜〜〜〜〜！！

あら、みんな楽しそうなことをしてたのね。
わたしもいれてほしかったわ。
ねえねえ、みんな。
わたしもなかまにいーれーて！

いーいーよ！

…みんなでシーツに入る。

みんなで入ると、きもちいいね！

…♪「なかまにいれて」を全員で歌う。

うた　なかまにいれて　ピアノ譜 P94　CD 12

なかまにいれて How to enjoy

なかまに いれての 巻

いれて / ふぃふぃ / ふぃふぃ

こっちから いれて / いいよ

シーツに入るのに
いれて / いいよ / いいよ / いいよ

ルールはありません。おしりが見えてもOK。

登場する人

先生とクラスのこどもたち

用意するもの

シーツ

草など　外をイメージするようなものを、段ボールなどでつくる。

なかまにいれて

作詞／平田明子　作曲／増田裕子　CD 12

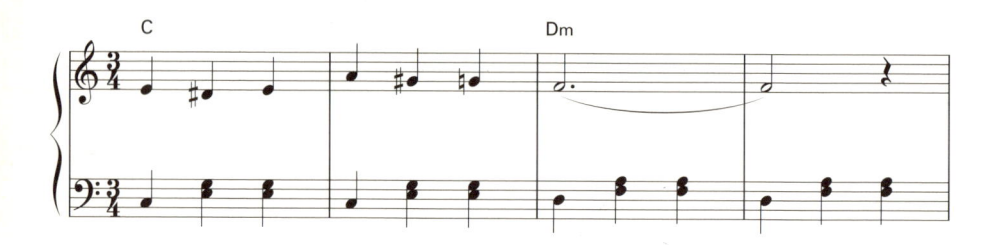

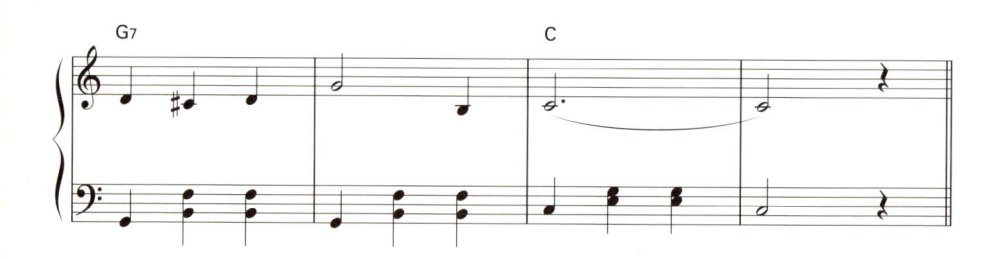

たのしい　こと　だいすき

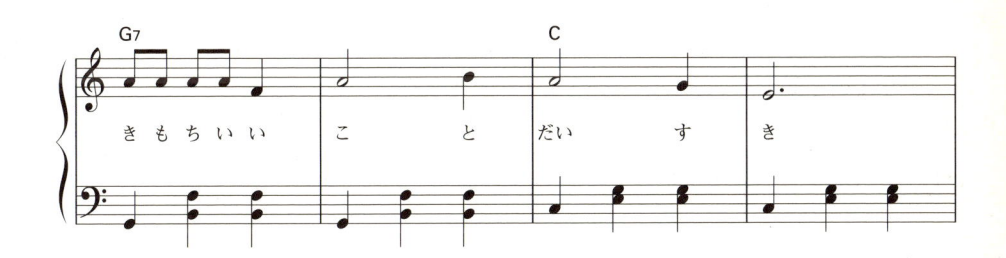

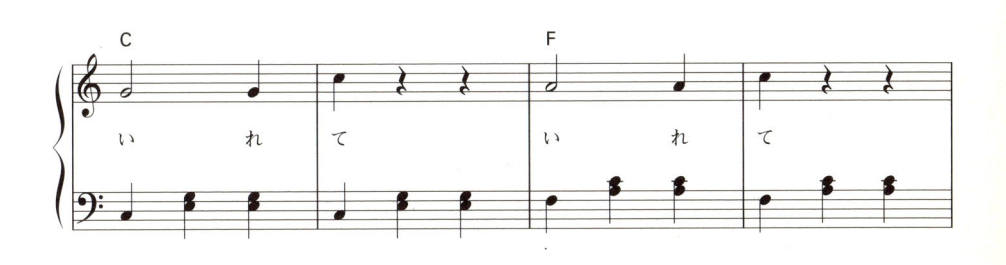

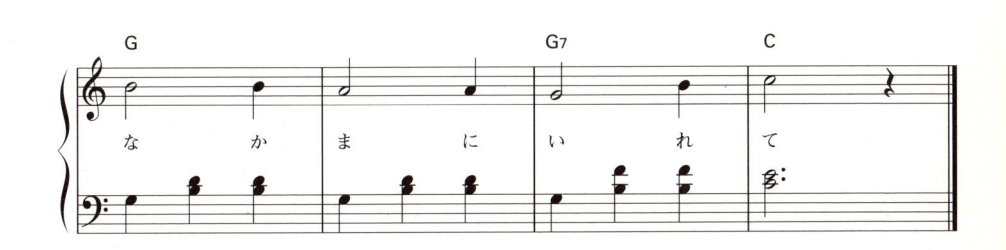

きもちいい こと だいすき

いれて いれて

なかまに いれて

Essay

ありのままの こどもたちを

平田明子 Akiko Hirata

　発表会やお楽しみ会や運動会、こどもの姿を見るチャンスは一年になんどかありますよね。でも、「〜会」ってなってしまうと普通のこどもたちの様子ではなくて、それに向けて練習した姿を見る場面が多かったりします。それはそれでいいかもしれないけど、ふだんのこどもたちの様子をそのなかでかいま見れたりするとうれしいと思うんです。
　今、親はどんな時もビデオをとるのに必死で・・と聞きますが、それはこどもがじょうずに演じるからでも、有名だからでもない。きっとその演じている子が我が子だからですよね。うちの子がやっている姿を見たい。たとえば恥ずかしがって本番ぜんぜんやらなかった。それも一つのその子の歴史。それでいいんじゃないかな。きっと大きくなって『おまえは３歳の時になあ・・。』と話のネタになるんでしょう。じょうずじゃなくたって当たり前。じょうずだったらパチパチパチ。そんなありのままのこどもたちをぜひ、お父さんやお母さんやおじいちゃんやおばあちゃんにみてもらおうではありませんか〜！！

●原案／藤本ともひこ

なにかななにかな？

1～3歳

歌にあわせてあてっこゲームをします。
じっくり考え、声を出してこたえる姿がそのまま表現になります。
こどもたちがふだん接しているものを
自由に選んであそんでください。

なにかななにかな？

▲ほんの少し見せたり、すばやく動かしたり、こどもたちと楽しみましょう。

窓の向こうをいろんなものが通るよ。
きょうは何が通るかな。あててみよう！

👑 舞台に設置された窓の向こうを何かが通ります。見せ方を工夫して、こどもたちと楽しみましょう。
先生は「なにかななにかな」でこどもたちに声をかけてください。

🎵 **うた　なにかななにかな？** ピアノ譜 P104　CD 09

みてごらん　ほらほらこっち　なにかな　なにかな　なんだろう？
…ここで、窓に何かを見せる。

なにかな？

おっとびっくり　くまちゃん

🧒 わーい、あたったー！

…みんなで喜ぶ。

👩 それじゃあ、こんどは何が通るかな？

うた なにかななにかな？ ピアノ譜 P104 CD 09

みてごらん　ほらほらこっち　　なにかな　なにかな　なんだろう？
…窓に何かを見せる。

👩 なにかな？

おっとびっくり　じどうしゃ

わーい、あたったー！

…みんなで喜ぶ。

それじゃあ、こんどは何が通るかな？

うた なにかななにかな？ ピアノ譜 P104 CD 09

みてごらん　ほらほらこっち　なにかな　なにかな　なんだろう？

…窓に何かを見せる。

なにかな？

おっとびっくり　えほん

わーい、あたったー！

…みんなで喜ぶ。

🧒 それじゃあ、こんどは何が通るかな？

🎵 なにかななにかな？ ピアノ譜 P104　CD 09

みてごらん　ほらほらこっち　なにかな　なにかな　なんだろう？

…窓に何かを見せる。

🧒 なにかな？

おっとびっくり　おかし

🧒 じゃあ、みんなでいただきましょう。

👧 いただきます！

👑 お菓子が通ったあとは、おやつの時間なんていうのも楽しいですね。

なにかななにかな？ How to enjoy

クイズみたいにあそぶの巻

さあ なにかな？

ぶーぶ

あたり

あたったら 拍手〜 パチパチ

わーい

こたえるそのことが 楽しいので どんどん やってみてください

あたり！

パチパチ

102

用意するもの

大きなクイズ窓

段ボールを切って切り込みを入れて組み立てる。

身近なものを問題として見せる。

なにかななにかな？

作詞／藤本ともひこ　作曲／平田明子　CD 09

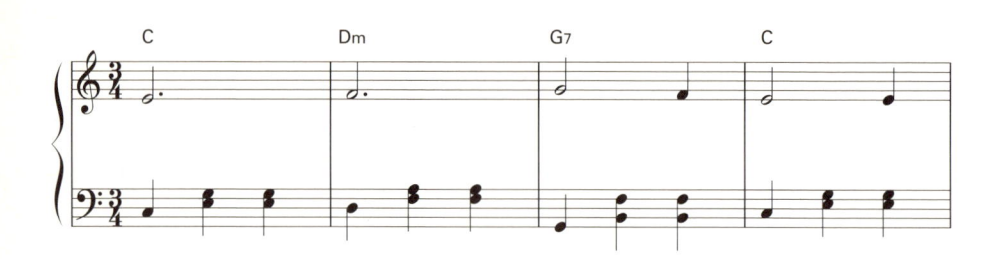

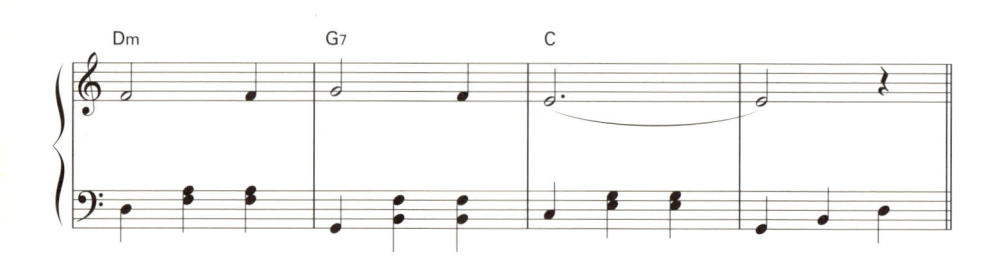

みてごらん　ほらほら　こっち
なにかな　なにかな　なんだろう？

(何回かくり返す)

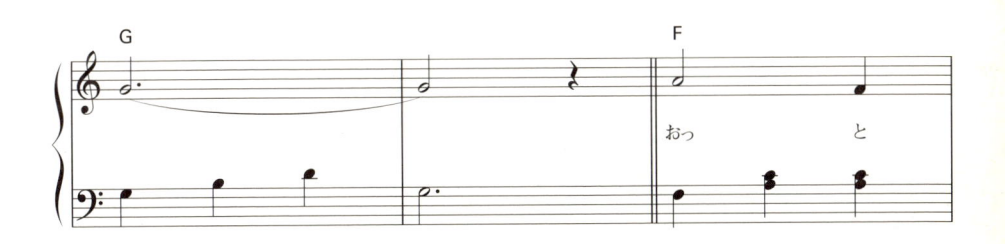

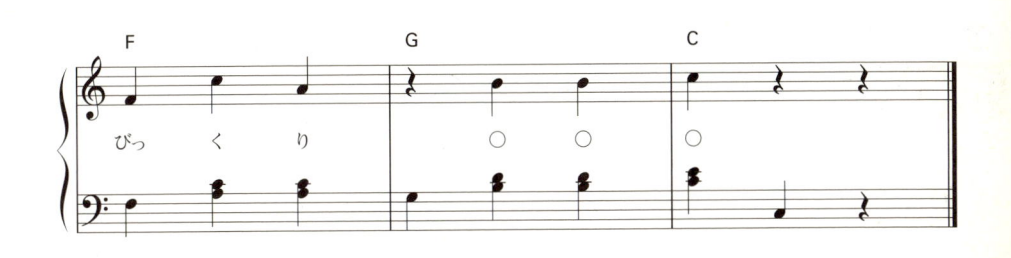

おっ と

びっ く り ○ ○ ○

Essay

ごっこあそびは楽しい！

増田裕子 Yuko Masuda

　はじめての劇の記憶というのは、たしか幼稚園のときに発表会でやった「金のがちょう」です。私は、全身まっしろな洋服に黄色い帽子をかぶって「あ、金色のがちょうだ！」とかなんとか指さして言うだけの、その他大勢のがちょう役。いつもと違う衣装、いつもと違う緊張感・・。そんな空気感をよくおぼえています。

　おとなになってから、友人の演劇にゲスト出演したり、結構長い台詞をおぼえたり・・。役者って大変だなあと痛感！　でも自分が出演してみて思ったことは、とにかく「お客さんに受けたいっ！」（笑）。もともとケロとポンのごっこあそびの延長から生まれたようなユニット「ケロポンズ」なんだから、自分が表現したいことをやればいいんだと妙に納得しました。

　ごっこあそびは、ひとりでもふたりでも何人でも何にもなくても、イメージの世界であそべるから楽しい。要するに、表現するっていうことは舞台上でなくてもいいわけで、毎日のごっこあそびの延長が舞台になっちゃった！というほうが、こどもたちにとっては楽しいし、自然なことなんじゃないかと思います。毎日の保育からみなさんの劇あそび大作戦！が生まれるといいなど思います。

●原案／藤本ともひこ

かくれんぼだいすき

0〜2歳

ふだんからあそんでいるかくれんぼを、
そのまま劇あそびにしました。
最後はみんなで元気よく踊って、楽しく表現しましょう。

かくれんぼだいすき

▲段ボールなどで、かくれるところをつくっておきましょう。
段ボールを、横倒しで置いてもかくれやすいですね。

　…やぎのこどもたちが、おかあさんやぎといっしょに登場。

🐐 さあ、かくれんぼしましょう。

🐐 はーい。

　…ひとりずつ、好きなところにかくれる。
　小さい子の場合は、おかあさんやぎにかくしてもらう。
　舞台に設置されたいろんなかくれ場所にみんながかくれたら、
　おかあさんやぎが歌いながらさがす。

🎵 **かくれんぼだいすき** ピアノ譜 P116　CD 06

かくれんぼ　だいすき　　かくれんぼ　どこかな
かくれんぼ　あっちかな?　　かくれんぼ　みーっけ

…おかあさんやぎが「どこかな？　ここかな？」と、
どんどん見つけていく。

🐐 どこかな？　ここかな？　みーっけ！

🐐 いっちゃん　みーつけた。

🐐 わー、みつかっちゃったあ！

🐐 じろうくん　みーつけた。

🐐 えへへ、みつかっちゃった。

🐐 みーんなみんな　みーつけた。みんないっしょに踊りましょう。
…みんなが見つかったところで、いっしょに踊る。

うた みんなでジャンプ ピアノ譜 P114 CD 07

うきうきしちゃーう　みんなであそーぼう

① ひとりで体をゆらしてダンス

どきどきしちゃーう　みんなでおどーろう

② 近くの人と両手をつないでダンス

うきうきーしちゃう　みんなでうたおう

③ ペアの相手を替えてダンス

どきどきしちゃう　みんなでジャーンプー

④ みんなで手をつないで、一列になってダンス

ジャンプ　ジャンプ　ジャンプ　ジャンプ　ジャンプ　ジャンプ
ジャンプ　ジャンプ　ジャンプ　ほら　みんなでジャーンプー　ジャンプ！（くりかえし）

⑤ みんなでジャンプ

👑 「ジャンプ」のところで、みんなで飛び跳ねます。ジャンプにはバリエーションをつけてもいいでしょう。

両足ジャンプ　　　　　　　　　片足ジャンプ

手を広げてジャンプ　　　　　　ジャンプして"気をつけ"（年長）

👑 歌の最後を「決めのポーズ」で終わると、ロックコンサートみたいでかわいいステージになります。

みんなよくできましたね。

かくれんぼだいすき　How to enjoy

かくれんぼあそびだよの巻

どこかな どこかな？

声が聞こえるとドキドキしている…

年齢の低い子は、大きな声で大げさに演じると泣いてしまいます。やさしくあそぼう！

みっけ！

まだかなと緊張している……

用意するもの

かくれるところ

段ボール

布

物かげをつくる

113

みんなでジャンプ

作詞／藤本ともひこ　作曲／平田明子　CD 07

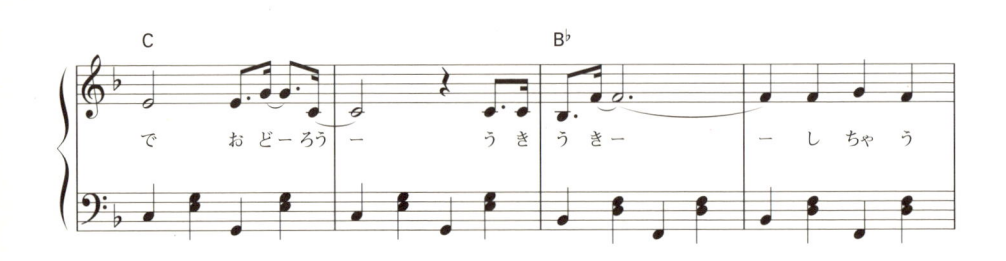

うきうきしちゃう　みんなで　あそーぼう　どきどきしちゃう　みんなで　おどーろう　うきうき　しちゃう

Am
Dm
B♭
みんなでうたおう ー
どきどきしちゃう
C
F
C7
みんなでジャンープ ー
F
C
F
ジャンプ ジャンプ
ジャンプ
ジャンプ ジャンプ
ジャンプ
F
B♭
C
F
ジャンプ ジャンプ
ジャンプ
ほらみんなでジャンープ ー
ジャンプ！

かくれんぼだいすき

作詞／藤本ともひこ　作曲／増田裕子　CD 06

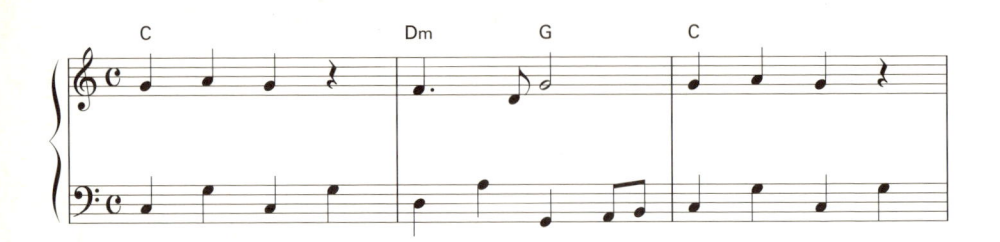

●原案／増田裕子●

こぶたちゃん

0〜2歳

こどもたちの年齢に応じて楽しみましょう。
0〜1歳児なら、音楽にあわせて舞台に登場しただけでもかわいらしいです。
年齢によって、体を上下に動かす、
ひとまわりする、といった動きを組み合わせて踊りましょう。

こぶたちゃん

▲こどもたちが並ぶだけですてき。列をはずれるのはごあいきょう。

こぶたちゃんが、まきばをお散歩。

　…こぶたチーム、
　　登場して、歌にあわせて踊る。

うた こぶたちゃん　ピアノ譜 P125　CD 02

前奏

ブーブーブー
こぶたちゃん

ブーブーブー
こぶたちゃん

② くりかえし

① とことこ歩いて登場

② 両手を腰にあてて、おしりを振る

118

くるっとまわって

こんにちは　ブー!

③ その場でくるっとまわる

④ ほおを手でおさえてポーズ

こぶたちゃんは、やぎさんに会いました。

…やぎチーム、登場して踊る。
　　（こぶたチームは、いっしょに体を動かす）

メエメエメエ　やーぎさん　メエメエメエ　やーぎさん

⑤ あごの下ににぎりこぶしを重ねて、おしりを振る

くるっとまわって

こんにちは　メエ!

⑥ その場でくるっとまわる

⑦ あごの下ににぎりこぶしを重ねてポーズ

🧒 こぶたちゃんは、にわとりさんに会いました。

　…にわとりチーム、登場して踊る。
　　（他のチームは、いっしょに体を動かす）

コココココッ　にわとりさん　コココココッ　にわとりさん

⑧ 両手を羽に見立てて、おしりを振る

くるっとまわって　　　　　　　　　こんにちは　コケコッコー！

⑨ その場でくるっとまわる　　　　⑩ 両手を羽に見立ててポーズ

🧒 こぶたちゃんは、かえるさんに会いました。

　…かえるチーム、登場して踊る。
　　（他のチームは、いっしょに体を動かす）

ピョンピョンピョン　かえるさん　ピョンピョンピョン　かえるさん

⑪ かえるのポーズでジャンプ

くるっとまわって　　　　　　　こんにちは　ケロケロー！

⑫ その場でくるっとまわる　　　⑬ 両手を下におろしてポーズ

こぶたちゃんは、うしさんに会いました。

…うしチーム、登場して踊る。
　　（他のチームは、いっしょに体を動かす）

モーモーモー　うーしさん　モーモーモー　うーしさん

⑭ 人差し指を立てて頭にのせ、おしりを振る

くるっとまわって　　　　こんにちは　モー！

⑮ その場でくるっとまわる　　⑯ 人差し指を立てて頭にのせ、ポーズ

今日は楽しかったね。最後にみんなで踊りましょう。

…最後に、全員で踊る。

うた　こぶたちゃん　ピアノ譜 P125　CD 02

ブーブーブー　こぶたちゃん
ブーブーブー　こぶたちゃん
くるっとまわって　こんにちは　ブー！

こぶたちゃん　How to enjoy

そのままが素晴らしいの巻

♪ブーブーブー　こぶたちゃん……

♪くるっと　まわって　こんにちは

ブー　ブー　ブー　ブー

人それぞれ。それでいい。

用意するもの

動物のお面

小さい子の場合は、かぶらなくてもOK。

色画用紙などでつくる。

帽子にぬいつけてもOK。

こぶたちゃん

作詞／平田明子　作曲／増田裕子　CD 02

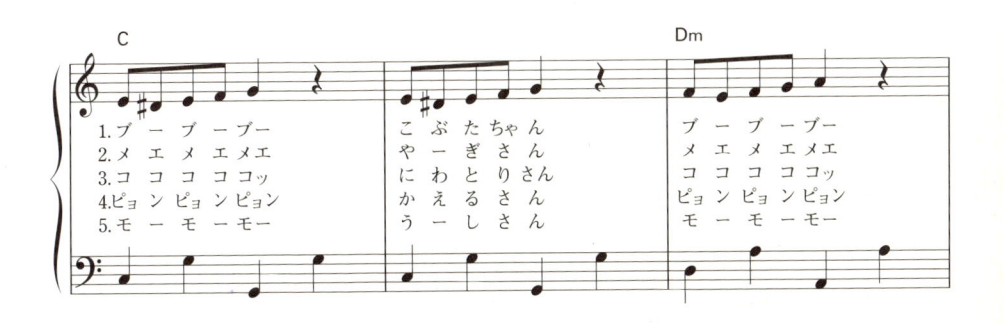

1. ブー ブー ブー
2. メエ メエ メエ
3. コ コ コ コ コッ
4. ピョン ピョン ピョン
5. モー モー モー

こぶたちゃん
やーぎさん
にわとりさん
かえるさん
うーしさん

ブー ブー ブー
メエ メエ メエ
コ コ コ コ コッ
ピョン ピョン ピョン
モー モー モー

こぶたちゃん
やーぎさん
にわとりさん
かえるさん
うーしさん

くるっ とまわって

こんにちは

ブー！
メエ！
コケコッコー！
ケロケロー！
モー！

Profile

藤本ともひこ

1961年東京都生まれ。1991年講談社絵本新人賞を受賞して、絵本作家デビュー。その後、童話作家・作詞家としても活動。保育園で毎週「造形遊び」「あそびうた」「園外活動」などをサポートし、親子対象の講座・保育者のためのセミナーなどにも取り組んでいる。作品に、絵本『すっぽんぽん』『しーらんぺったん』（世界文化社）『いただきバス』（すずき出版）『どろんこたんけんたい』（あかね書房）、読み物『ほらふきたぬきのももたろう』（ポプラ社）、保育図書『おさんぽあそびハンドブック』（すずき出版）、CDブック『みんなおおきくなった』『ぼくのうたきみのうた1・2・3』（世界文化社）など多数。

http://www2.ocn.ne.jp/~tanukids/

ケロポンズ

1999年6月結成の、年齢、性別、その他もろもろ不詳(?)のスーパーデュオグループ。親子で楽しめる、歌あり、あそびあり、体操あり、笑いあり、なんでもあり～のステージを全国各地でくりひろげるほか、保育雑誌にオリジナルのあそびや体操を発表し、保育者対象のセミナーを行う。またNHK教育テレビ「おかあさんといっしょ」のあそび監修、「すくすく子育て」に楽曲提供など、幅広く活躍中。作品にCD『エビカニクス』『おにぎり』(カエルちゃん)、保育図書『ケロポンズのあそびネタ』『うたってあそぼうケロポンズ』(カエルちゃん)など多数。

http://www.kaeruchan.net/

平田明子(ポン)

広島県出身。安田女子大学児童教育学科卒業。巨漢コーラスグループ「モーモーズ」のメンバーとして活躍しながら、りんごの木こどもクラブで5年間保育をし、「歩くぬいぐるみ」としてこどもたちとあそんでいた。動物の鳴き真似は絶品。ときどき絵やおしりもかいているらしい。作品に、エッセイ集『保育でポン！』保育図書『ポンちゃんの0、1、2歳児とふれあって遊ぼう』(チャイルド本社)など多数。

増田裕子(ケロ)

東京都出身。国立音楽大学教育科幼児教育専攻卒業。岡本賞を受賞。4年間の幼稚園勤務ののち、フリーに。1987年「トラや帽子店」を中川ひろたか、福尾野歩と結成。キャプテンとして歌とピアノ、ミュージックパネルで全国をかけまわる(2000年に解散)。作品にCD『らりるれろんちゃん』『チャームポイント』(カエルちゃん)、保育図書『増田裕子のミュージックパネル1・2』(クレヨンハウス)、絵本『えらいえらい』(そうえん社)『むぎちゃんのすなば』(偕成社)など多数。

著　者	ケロポンズ（増田裕子　平田明子）　藤本ともひこ
振り付け	ケロポンズ
イラスト	藤本ともひこ
ピアノアレンジ	増田裕子
デザイン	ほんだあやこ
楽譜浄書	クラフトーン
撮　影	大見謝星斗
編集企画	山岡勇治
編集協力	倉田恵美子
製作協力	カエルちゃんオフィス　キングレコード

PriPriブックス

ケロポンズ&藤本ともひこの
劇あそび 大作戦！

2008年10月15日　初版第1刷発行

著　者／ケロポンズ　藤本ともひこ
発行人／飯田　猛
発　行／株式会社世界文化社
　　　　〒102-8187　東京都千代田区九段北4-2-29
　　　　電　話／03(3262)5115（在庫についてのお問い合わせ：販売本部）
　　　　　　　　03(3262)5121（内容についてのお問い合わせ：編集部）
印刷・製本／図書印刷株式会社

禁無断転載・複写　©KEROPON'S，Tomohiko Fujimoto
2008　Printed in Japan
ISBN978-4-418-08807-2　　JASRAC出0810827-801
定価はカバーに表示してあります。
プリプリホームページ　http://www.pripricafe.jp/